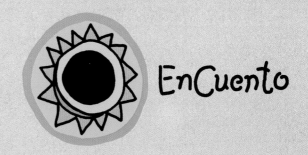

EnCuento

El tejón

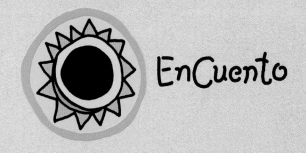

EnCuento

traicionero

Texto: POLI DÉLANO
Ilustraciones: CECILIA RÉBORA

D.R. © CIDCLI, SC

Av. México 145–601, Col. del Carmen

Coyoacán, C.P. 04100, México, D.F.

www.cidcli.com.mx

D.R. © Poli Délano (Chile)

Esta primera edición se coedita con la

Dirección General de Publicaciones

del Consejo Nacional para la Cultura y las Artes

Revisión de textos: Rosalía Chavelas

Primera edición, noviembre, 2002

ISBN: 968-494-123-4

ISBN: 970-18-8232-6 Consejo Nacional

para la Cultura y las Artes

Ilustraciones: Cecilia Rébora (México)

Coordinación editorial: Rocío Miranda

Cuidado de la edición: Elisa Castellanos

Diseño gráfico: Rogelio Rangel

Reproducción fotográfica: Rafael Miranda

Impreso en México / *Printed in Mexico*

POLI DÉLANO

*Para Mariana
y Lucianita, mis nietas,
con el amor de Poli.*

Cuando era muy niño, mis padres y yo compartíamos una casa, en la ciudad de México, con el poeta Pablo Neruda y con Delia, su esposa, a quien llamaban *Hormiguita*. A esa casa le decían Quinta Rosa María y estaba en el sector de Mixcoac, que por entonces era campo.

En aquella enorme quinta y en esos tiempos lejanos, pasaron muchas cosas que hoy día forman parte de mis recuerdos de infancia. Por esta razón, se me ocurrió escribir algunas historias sobre las diversas aventuras vividas por un niño con su "tío" Pablo.

Una de las peripecias que nunca se han borrado de mi memoria, así como tampoco se borraron del todo las cicatrices que llevo en la pierna izquierda, es ésta que les cuento ahora sobre el tejón traicionero.

Ahora que estoy más grande, puedo contar la historia del tejón sin que los recuerdos de esa mañana de diciembre me hagan temblar de rabia.

Cuando tenía ocho años, mis papás y yo vivíamos con el tío Pablo y la tía Delia en la Quinta Rosa María, una vieja y enorme casa en Mixcoac, a las afueras de la ciudad. Dicen que mucho antes había pertenecido a un poeta famoso, porque en una de las paredes del comedor había un verso escrito a mano de lado a lado, en letra grande: "mi corazón leal se amerita en la sombra". Yo no entendía esas palabras, pero me parecían bonitas. Mi tío Pablo también ha escrito muchos libros de poesía y a lo mejor es por eso que hace algunas cosas raras. Un domingo en la mañana en que fuimos al mercado de la Lagunilla, él se compró un canguro embalsamado y una calavera chica, como si hubiera sido de un niño muerto. Y para qué decir la de caracoles marinos que ha ido juntando, de todos los tamaños y de todos los mares del mundo.

En la Quinta Rosa María había un patio enorme que parecía un bosque, bastante desordenado, lleno de malezas y trampas, muy diferente de los jardines de otras casas que yo conocía, aunque por otro lado, mucho mejor para los juegos y las aventuras: ahí uno podía treparse a los árboles como Tarzán, cazar pájaros y atrapar lagartos.

La alberca estaba siempre seca, muy sucia, llena de hojas y ramas que caían de los nogales, las jacarandas y los aguacates. Parece que a los grandes no les gusta nadar. Con Sebastián bajábamos por una escalerita hasta el fondo y, como los *boy scouts*, nos íbamos explorando el territorio hasta la parte más honda, para buscar alacranes y tarántulas. Sebastián era el hijo mayor de Irene, la cocinera, y sabía perfectamente dónde encontrarlos.

Por allí andaba siempre también, libre como si fuera un gato, ese tejón grandote que le habían regalado a mi tío para su cumpleaños y que a mí me daba la impresión de ser poco amigable. En las tardes, cuando se iba oscureciendo, le gustaba entrar a la casa y entonces lo podíamos ver echado muy tranquilo sobre la alfombra del comedor o caminando por la estancia como si estuviera impaciente.

—¿Cómo está mi niño? —le decía tía Delia soplándose la palma de la mano para mandarle besitos.

Ella también tenía sus rarezas, aunque no tantas como el tío Pablo. Una mañana llegó a desayunar con un zapato blanco y otro café.

—Pero Delia... —dijo él, mirándole los pies con los ojos muy abiertos.

—Pablo —contestó ella—. Busqué en el clóset y sólo encontré dos pares, y el otro es exactamente igual.

Me dio tanta risa, que tuve que salir a la terraza.

—¿Cómo está mi niño? —y el tejón se dejaba hacer caricias y hasta creo que sonreía.

Yo nunca me acercaba mucho a él, porque cuando el animal recogía el hocico y enseñaba sus colmillos, a mí se me enchinaba la piel y me tiritaban las rodillas. Mi mamá, que siempre antes de dormir me leía un cuento de los hermanos Grimm o alguna poesía de esas que nunca se me van a olvidar, como la que dice "Si tienes una madre todavía, da gracias al Señor que te ama tanto", una noche, en lugar de eso, me leyó el diccionario para contestar a una pregunta que yo mismo le había hecho; decía que el tejón es "un mamífero carnicero de la familia de los no sé qué, que habita en los bosques". Lo de que era "carnicero" llegué a saberlo muy bien. ¿Cómo dejaban que esa fiera anduviese suelta por toda la casa?

A varias de las personas que nos visitaban los fines de semana, el Niño, como le puso mi tío Pablo en un bautizo con
invitados y todo, les parecía de lo más simpático y hasta le
hacían gracias, o trataban de acercarse a él para tocarlo. Pero yo llegué a tenerle harto miedo, sobre todo desde el día
en que estranguló a la tejona que una pintora de cuadros
había llevado a la casa, con la amorosa idea de juntarlos pa-

ra que así pudieran nacer muchos tejoncitos más. Todos mirábamos cómo el Niño se volvió bien loco con su nueva amiga. Jugó a saltar por encima de los muebles, hizo rodar como pelotas los mapamundis que coleccionaba el tío Pablo, y finalmente se dedicó a correr de ida y vuelta al patio como un ciclón, arrastrando a la tejona, hasta que terminó asfixiándola con la misma cadena que ella tenía atada al cuello. Era un animal peligroso, lo sé de sobra y por experiencia propia.

—Fue accidental —le dijo varias veces mi tío a la pintora, que lo único que hacía era llorar y llorar, derrumbada sobre un sofá. En los ojos del tío también había desesperación.

—¿Fue accidental que el Niño matara a la tejona? —le pregunté por la noche a mi mamá, a la hora del cuento.

—Sí, hijo —me respondió—. Los animales no se matan entre ellos.

Recordé esa película en la que una leona agarra a un venado por el cuello y lo arrastra hasta su guarida para comérselo con su familia, pero no dije nada.

Pasaron varios meses y la Quinta Rosa María ya no fue más nuestra casa, quién sabe por qué. Mis padres y yo nos fuimos a vivir a un departamento de mucha luz, en una calle ancha con hartas estatuas y árboles muy altos. Se llamaba Paseo de la Reforma y estaba sólo a una cuadra de donde empieza el Bosque.

Mis tíos, con tejón y todo, se mudaron cerca de nuestra nueva casa, así que nos seguíamos viendo casi todos los días.

Una mañana, mis papás y yo caminamos hasta su departamento para saludarlos. Llegamos con dos regalos: uno de ellos, a mi tío le causó esa sonrisa especial de cuando algo le encantaba; era una pequeña máquina de metal que en el siglo pasado servía para poner las latitas que llevan en cada punta las agujetas de los zapatos; y el otro, un cenicero de cristal en forma de corazón, para la tía Delia. Era la mañana de un 24 de diciembre, a pocas horas de la Nochebuena, y yo estaba muy contento por eso y porque, además, en unos cuantos días nos íbamos a Acapulco a pasar Año Nuevo y una semana entera de vacaciones.

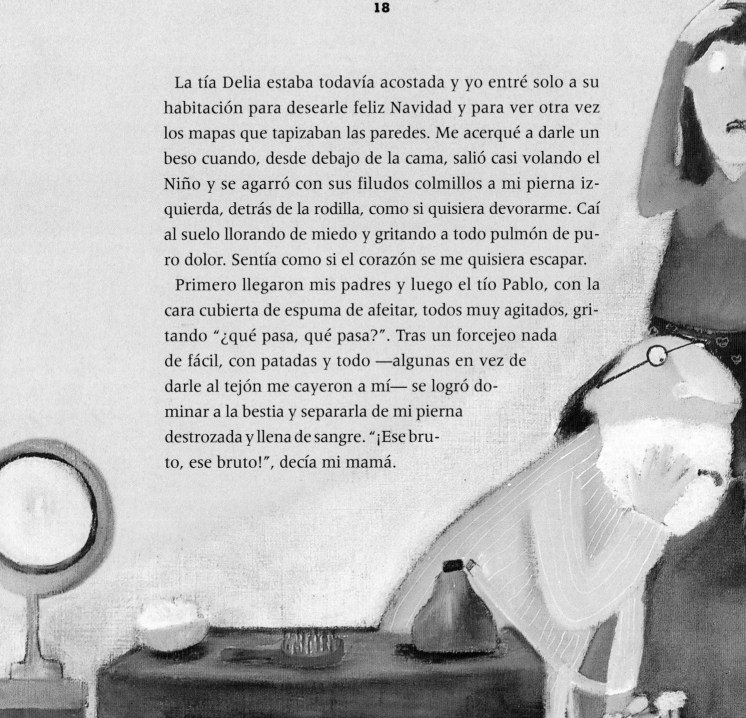

   La tía Delia estaba todavía acostada y yo entré solo a su habitación para desearle feliz Navidad y para ver otra vez los mapas que tapizaban las paredes. Me acerqué a darle un beso cuando, desde debajo de la cama, salió casi volando el Niño y se agarró con sus filudos colmillos a mi pierna izquierda, detrás de la rodilla, como si quisiera devorarme. Caí al suelo llorando de miedo y gritando a todo pulmón de puro dolor. Sentía como si el corazón se me quisiera escapar.

   Primero llegaron mis padres y luego el tío Pablo, con la cara cubierta de espuma de afeitar, todos muy agitados, gritando "¿qué pasa, qué pasa?". Tras un forcejeo nada de fácil, con patadas y todo —algunas en vez de darle al tejón me cayeron a mí— se logró dominar a la bestia y separarla de mi pierna destrozada y llena de sangre. "¡Ese bruto, ese bruto!", decía mi mamá.

Ahora puedo dar gracias de que me hayan salvado de la fiera, pero el hecho es que esa desafortunada aventura hizo que mi Navidad no resultara demasiado feliz, ya que en lugar de pasarla abriendo los regalos junto al arbolito nevado que armé con mi mamá y escuchando "Noche de paz, noche de amor", tuve que internarme en una clínica, donde me pusieron inyecciones, me cosieron las heridas y me vendaron la pierna. Por suerte mis papás se quedaron conmigo hasta que me dormí... Lo primero que pensé al despertar, por la mañana, fue que ya no habría viaje a Acapulco, donde unos tarzanes se tiraban clavados al mar desde un monte como de cuarenta metros. Yo estaba loco por ver esos saltos.

Antes del verano, mis tíos se fueron a vivir a una casa grande en la Zona Rosa. En su departamento ya no les cabían todas las cosas raras que cada domingo compraban en la Lagunilla: cajas de música, instrumentos viejos que no servían para nada, máscaras africanas, botellas con veleros adentro, figuras de marfil, campanas.

En esa nueva casa —me contó mi mamá—, el tejón atacó a la sirvienta, una señorita muy risueña que se llamaba Virginia, y la verdad es que casi la mata: lo encontraron mordiéndole el cuello mientras la sangre le salía a chorros. Mi tío le ayudó a levantarse, la tendió sobre el sofá y le puso una toalla con alcohol en el cuello, como si fuera una bufanda.

—Pobrecita, ya va a pasar —le decía, haciéndole cariños en la cabeza. Después, prefirió llevarla a un hospital.

A mi tío Pablo le caía muy bien esa señorita Virginia, porque decía que era de naturaleza alegre y seguramente, por causa del ataque, se dio cuenta ¡al fin! de que resultaba muy peligroso seguir teniendo en casa a la bestia traicionera. Después de una larga discusión con la tía Delia, decidieron que no quedaba más remedio que regalar su querido tejón al Parque zoológico de Chapultepec. No sé por qué, pero hasta yo sentí pena en ese momento.

Meses después, un sábado por la mañana, la tía Delia me invitó a que la acompañara a visitar al Niño. Yo al tejón no quería ni verlo, pero a mi tía, cómo le iba a decir que no. Caminamos entre todas esas jaulas buscando la nueva casa de su regalón y finalmente la encontramos. El tejón estaba tendido con los ojos cerrados y cara de aburrimiento. Tía Delia lo miró con mucha tristeza a través de la reja. Creo que le vi dos o tres lágrimas.

—Niño —lo llamó varias veces, con la voz temblorosa—, ¿cómo está mi niño?

De pronto el tejón abrió los ojos, alzó la cabeza, bostezó y se la quedó viendo como si de veras la hubiera reconocido. Se levantó, caminó hasta la reja y se paró sujetándose a ella con las patas delanteras, haciendo unos gemiditos entrecortados que daban pena.

Yo preferí mirar para otro lado, pensando que si me reconocía también a mí, podría enojarse y además ponerse triste al recordar las patadas que recibió aquella mañana del 24 de diciembre. Ya vivir en esa jaula parecía bastante duro para él.

TEJÓN
(TAXIDEA TAXUS)
HABITA EN LOS BOSQUES DE AMÉRICA Y EUROPA.

El tejón traicionero
se acabó de imprimir en el mes
de noviembre de 2002 en los talleres
de Gráficas Monte Albán, S.A. de C.V.,
Fracc. Agro Industrial La Cruz, Villa del Marqués,
Querétaro, Qro. El tiraje fue de 3,000 ejemplares.